ROSE CHÉRI

PARIS. IMPRIMERIE WALDER, RUE BONAPARTE, 44.

ROSE CHÉRI

LES CONTEMPORAINS

ROSE CHÉRI

(MADAME MONTIGNY)

PAR

EUGÈNE DE MIRECOURT

PARIS
GUSTAVE HAVARD, ÉDITEUR
15, RUE GUÉNÉGAUD, 15

1855

L'Auteur et l'Éditeur se réservent le droit de traduction et de reproduction à l'étranger.

ROSE CHÉRI

En vérité, non.

C'est votre endurcissement dans le
Ce bas monde fourmille de préjugés
regrettables et d'erreurs tenaces.
En philosophie sociale, une des idées
qui a le plus de racines, précisément
peut-être parce qu'elle est la plus fausse,
est celle qui relègue les artistes dramatiques dans un monde à part, et qui
s'obstine à en faire une sorte de société

exceptionnelle, un peuple de parias, une caste maudite..

Voyez-les! examinez-les! s'écrient chaque jour d'inflexibles puritains. Quelle vie de désordre et quelles mœurs!

Or, ces mœurs, dont l'excentricité vous blesse, dérivent-elles de la profession même?

En vérité, non.

C'est votre endurcissement dans le préjugé qui en perpétue le scandale. Vous repoussez l'artiste, il se démoralise; vous l'affligez d'une sorte de déconsidération, il se déprave.

Si, par hasard, l'honnêteté reste dans le cœur d'une femme de théâtre, on peut regarder ceci comme un phénomène, tant vous lui donnez de motifs pour s'en écarter, tant vous la récompensez mal de ses efforts.

D'autre part, il y a contre la vertu qui persiste à la scène une sorte de conspiration sourde, dont les premiers fils, si nous y regardons de près, se trouvent aux mains de la critique.

Messieurs les journalistes sont assez ordinairement des hommes de plaisir.

Chez eux, le sens moral n'est pas toujours au grand complet. Dans les coulisses la vertu les gêne. Elle dérange leurs plans de machiavélisme; elle refuse de payer les caresses de leur plume d'une certaine monnaie dont ils se montrent fort avides.

Aussi les entendez-vous soutenir cette

thèse insensée, que la sagesse est incompatible avec le talent.

Si l'on en croit ces messieurs et la moralité de leur logique, il faut qu'une comédienne soit courtisane, livre chaque heure de sa vie au dévergondage, et lance intrépidement son bonnet par-dessus les moulins.

Nous faisons trop de cas du bon esprit de ceux qui nous lisent pour nous évertuer à combattre ce joli système.

On ne prouvera jamais, Dieu merci, que le travail, l'intelligence, le talent, les facultés artistiques vivent de ce qui des... tue. L'histoire de Rose Chéri tout entière donne à ces grands philosophes le démenti le plus éclatant.

Cette histoire aura donc le mérite d'une réfutation.

Devant un fait, le sophisme tombe et ne se relève plus.

Il y a trente ans environ, nos provinces du centre étaient parcourues par une famille d'artistes, assez nombreuse, qui exploitait le théâtre des petites localités.

Le directeur de cette troupe nomade s'appelait Jean-Baptiste Cizos.

C'était un jeune homme de vingt-deux ans, fort actif et rempli d'intelligence. Il jouait les premiers rôles avec Sophie-Juliette Garcin, sa femme, douée comme lui de qualités d'autant plus recommandables qu'elles sont rarement l'apanage des comédiens de province.

Deux sœurs de madame Cizos[1], avec leurs maris, et de vieux parents, qui se rendaient utiles autant que leur âge pouvait le permettre, composaient le reste de la troupe.

Thomas Cizos, père de Jean-Baptiste, avait résilié son pouvoir de directeur entre les mains de son fils.

A l'âge de soixante-quatre ans, il jouait encore les pères nobles.

Jamais, dans les villes où elle séjournait, la troupe ne causait le moindre scandale. Chacun de ses membres se distinguait par les mœurs les plus régulières et par des allures tout à fait en dehors du cabotinage.

---

[1] L'une se nommait Joséphine et l'autre Adèle. Joséphine était d'une beauté remarquable.

On voyait une famille rangée, aux habitudes simples et modestes; un personnel ayant de la tenue, de la distinction, de la décence; des comédiens dont la probité réglait scrupuleusement la conduite, et qui ne laissaient jamais à leur auberge l'ombre d'une dette.

De temps immémorial, pareille chose n'avait eu lieu.

Cela tenait du miracle, et les sympathies gagnées à la ville se traduisaient au théâtre en excellentes recettes.

Les Cizos et les Garcin n'étaient pas seulement des gens probes et de mœurs irréprochables; c'étaient de véritables artistes. Juliette chantait avec beaucoup de méthode, et son mari la secondait par une superbe voix de ténor. Celui-ci, dans les moments de loisir que lui laissait l'administration de la troupe, s'occupait de peinture, et reproduisait les plus beaux sites des pays où l'on se trouvait.

A la fin d'octobre 1824, tous nos acteurs nomades arrivèrent, un jour, dans la petite ville d'Étampes.

Ils étaient attendus avec beaucoup d'impatience, et la salle du *Coq-en-pâte* se trouvait prête à les recevoir. On appelait ainsi une grange assez vaste, que les amateurs de la ville avaient fait décorer à leurs frais, pour se donner de temps à autre la joie du spectacle.

Précédés de leur excellente réputation, nos comédiens furent accueillis à ravir.

La municipalité d'Étampes avait reçu

de la municipalité de Chartres¹ des lettres contenant leur éloge ; et, le soir même de l'arrivée de la troupe, les amateurs du *Coq-en-pâte* voulaient une représentation.

Mais Jean-Baptiste demanda grâce pour sa jeune femme enceinte, que le voyage avait accablée de fatigue.

Or, le lendemain matin, s'étant levé de bonne heure, afin d'aller dessiner la tour de Guinette, seul vestige de l'antique forteresse, dont Henri IV a démoli les remparts, notre directeur vit accourir son beau-père, Benoît Garcin, vieillard de cinquante-sept ans, qui, les jours de représentation, dirigeait l'orchestre.

¹ Cette ville était le point central de l'administration dramatique de Jean-Baptiste Cizos.

Au premier mot que celui-ci prononça, Jean-Baptiste replia son portefeuille et rentra bien vite à son hôtel.

Madame Cizos venait d'être prise des douleurs de l'enfantement.

Une heure après, elle accoucha d'une fille que l'on baptisa, le jour même, sous le nom de Rose-Marie.

C'est l'héroïne de ce petit livre [1].

---

[1] Tous les biographes ont fait naître Rose en 1825. Ils étaient mal renseignés. En voici la preuve :
EXTRAIT DES REGISTRES DE L'ÉTAT CIVIL D'ÉTAMPES.
Du mercredi 27 octobre 1824, trois heures de relevée.—Acte de naissance de Rose-Marie Cizos, du sexe féminin, née ce jour à huit heures du matin, chez ses père et mère; fille en légitime mariage de Jean-Baptiste Cizos, artiste dramatique, âgé de vingt-deux ans — et de dame Sophie-Juliette Garcin, son épouse, âgée de vingt-deux ans, domiciliés à Chartres (Eure-et-Loir), de présent à Étampes, chez le sieur Hoyau, carrefour du Pont-Doré, n° 1. Les témoins ont

Nous saurons plus tard comment Rose-Marie Cizos est devenue Rose Chéri.

Sa mère la nourrit elle-même, ainsi que deux autres enfants qu'elle eût par la suite.

L'un de ces enfants est une fille, et l'autre un garçon [1]. Jamais elle ne con-

été les sieurs Thomas Cizos, artiste dramatique, âgé de soixante-quatre ans, grand-père paternel de l'enfant, et Jean-Joseph Benoît Garcin, artiste musicien, âgé de cinquante-sept ans, grand-père maternel de l'enfant, domiciliés en ladite ville de Chartres. — Sur la présentation de l'enfant, et sur déclaration du père d'icelui, qui a, ainsi que les témoins, signé avec nous, maire, après lecture faite. — Signé : de Tullières, maire.

[1] Anna Chéri, gracieuse et piquante actrice, trouve moyen de se faire applaudir au Gymnase à côté de sa sœur. Quant à Victor Chéri, c'est un de nos jeunes virtuoses qui donnent le plus d'espérances. Il vient d'être admis à concourir au Conservatoire pour le prix de composition musicale.

sentit à les éloigner d'elle, même pour une heure; ce qui rend parfaitement invraisemblable une histoire éditée par le *Figaro*.

Ce journal, très-spirituel toujours, ne se pique pas d'une exactitude entière.

Il accepte les anecdotes qu'on lui raconte et les brode à tout hasard, sous prétexte de biographie, — car les biographies pleuvent, lecteur, vous ne l'ignorez pas.

Nous sommes un peu cause de l'averse.

Le *Figaro* ne se trompe pas, en disant que Sophie-Juliette emportait avec elle au théâtre la petite Rose, et la déposait dans un coin pendant les répétitions. Seulement il affirme à tort que madame Cizos, un jour de départ précipité pour une ville voisine, oublia le berceau de Rose au fond des coulisses.

Partir sans sa fille, et aviser, à une lieue de là, qu'elle n'était point dans la voiture, allons donc! Pour affirmer de semblables choses, le *Figaro* n'a jamais interrogé le cœur d'une mère.

Toutes les femmes déclarent le fait invraisemblable.

Nous avons recueilli nos renseignements auprès de beaucoup de personnes qui ont connu l'épouse de Jean-Baptiste à cette époque. Elles certifient que, plutôt que d'oublier un de ses enfants, Juliette eût vingt fois manqué son entrée, ce qui, pour une comédienne, est le comble de la négligence et de l'étourderie.

Dès l'âge de cinq ans, Rose joua quelques bouts de rôle.

Ses grands yeux bleus rayonnaient d'intelligence. Elle avait une adorable tête blonde, un sourire de chérubin, une taille mignonne, et de petits pieds de sylphide, exercés déjà au pas chorégraphique.

Il était important d'utiliser de bonne heure tous les membres de la famille.

Les sœurs de Juliette avaient elles-mêmes des enfants. Petits garçons et petites filles sautaient du berceau sur le théâtre, chantaient, dansaient, dialoguaient, selon les divers spectacles, et rendaient à leurs parents des services réels.

Tous étaient musiciens de naissance et d'éducation.

Dans les opéras-comiques, on voyait cette troupe enfantine aborder résolument les chœurs.

Chants de tristesse ou chants de triomphe, hymnes rustiques ou hymnes guérriers, intonations vives ou lentes, rien ne les embarrassait; jamais l'orchestre n'avait à leur adresser le moindre reproche. Ces montagnards et ces montagnardes de sept ou huit ans, ces conspirateurs à peine dégagés de la layette et ces bandits qui sortaient de nourrice avaient du moins l'avantage de n'effrayer personne par leur taille, par leur barbe et par leur voix.

Le public les prenait en affection, et

les bonnes mères de famille, dévorant des yeux ces adorables petits choristes, les applaudissaient à outrance.

On comprend comme ces triomphes amusaient nos jeunes acteurs.

Musique, ballets, marches héroïques le long de la scène constituaient pour eux une récréation. Les pères et mères y trouvaient l'avantage d'exercer au théâtre et jusqu'au bord de la rampe une surveillance directe sur leur progéniture.

Le lendemain, nos artistes de la veille allaient passer la journée à l'école.

Ceux qui avaient atteint l'âge de dix ans étaient envoyés à la meilleure pension de l'endroit.

Ils changeaient de maîtres aussi souvent que les parents changeaient de public ; mais, habitués à cette éducation voyageuse, ils n'en faisaient pas moins des progrès sensibles.

On enseignait aux filles, outre la grammaire, l'arithmétique, la géographie et l'histoire, tout ce que doit apprendre une petite bourgeoise bien élevée, c'est-à-dire les travaux d'aiguille et la tenue d'une maison.

Sophie-Juliette se chargeait elle-même de cette partie de l'enseignement.

Elle savait mieux que personne combien l'ordre est nécessaire pour vivre d'une manière décente, lorsqu'on n'a pour budget que les recettes éventuelles d'un théâtre de province.

Monsieur et madame Cizos rêvaient

pour cette jeune famille une position plus élevée que la leur dans la hiérarchie artistique ; ils désiraient ne pas la voir assujettie aux fatigues et aux dégoûts du comédien nomade, pour lequel la compensation de la gloire n'existe même pas.

Prévoyant le cas où leurs enfants n'arriveraient à être que des acteurs médiocres, on les préparait d'avance à l'exercice d'une autre profession.

Rose, par exemple, eût été maîtresse de musique, si elle ne fût pas devenue une comédienne célèbre.

Son grand-père, excellent musicien, lui apprit le piano.

Quelquefois il arrivait que l'honnête famille, dans les chefs-lieux d'arrondissement où on la priait de donner des représentations, ne trouvait pas un théâtre digne de son habileté. Souvent même il n'y avait point de salle de spectacle.

Il fallait alors en improviser une.

En Bretagne, par exemple, nos comédiens jouèrent plus d'une fois les *Enfants d'Édouard* dans une grange décorée de feuillage.

A Guingamp, le drame de Casimir Delavigne eut l'honneur d'être représenté sur un billard, qu'on avait choisi pour former la scène. Des châssis de paravent, le long desquels on colla du papier peint, servirent de décors, et le public ne s'en attendrit pas moins jusqu'aux larmes sur la triste fin des héritiers du sceptre, assassinés par le farouche Tyrrel.

Du reste, la troupe avait des spectacles pour tous les goûts.

Après les *Enfants d'Édouard*, on jouait le *Petit Poucet*, comédie puérile et honnête, où la jeune bande faisait merveille.

Victor, le moins grand de ces acteurs pygmées, conduisait au bois ses six frères.

Il faut le dire, ce bois était représenté par le même décor complaisant, qui figurait tout à l'heure un palais ou un cachot; mais l'absence d'illusions se compensait toujours par la bonne volonté du public.

Fières de porter culotte, Rose et

Anna, les aînées, jouaient nécessairement leur rôle dans la pièce.

Elles représentaient deux des fils du bûcheron, et coupaient du bois avec une ardeur extrême, en chantant ce joli couplet, dont le vaudevilliste avait orné son œuvre :

> Pan, pan, allons courage !
> Pan, pan, allons bon train.
> Pan, pan, plus j' f'rons d'ouvrage,
> Pan, pan, plus j'aurons de gain.

On était obligé de mettre le holà, sans quoi, nos intrépides faiseurs de fagots eussent éventré les coulisses en papier peint, et coupé les châssis à coups de serpe.

Dans les *Enfants d'Édouard*, Jean-Baptiste Cizos jouait Glocester, Sophie-

Juliette, la reine ; Rose et Anna, les jeunes princes.

Nos deux sœurs étaient charmantes.

Leur lit de mort, avant le baisser de la toile, était régulièrement couvert de bouquets et de couronnes, jetés de tous les coins de la salle par d'enthousiastes spectateurs.

Dès que Victor eut dix ans, il figura lui-même dans la pièce.

On le voyait arriver au dénouement pour étouffer les rejetons royaux. Le visage enveloppé d'une barbe monstre, ce terrible assassin accomplissait sa tâche avec beaucoup de sang-froid.

Tous les opéras sans spectacle, comme *le Bouffe et le Tailleur*, par exemple, *le*

Chalet et quelques autres, étaient pour la troupe une véritable bonne fortune.

On en jouait deux dans une soirée.

Le Chalet notamment revenait sept à huit fois sur l'affiche dans la même ville, et Jean-Baptiste Cizos chantait fort bien le rôle du sergent.

Eu égard au manque de personnel, il fallait supprimer les soldats qui accompagnent ce sous-officier ; mais la musique, pour cela, ne subissait aucune coupure. On voyait arriver Rose, habillée en tambour, et conduisant d'un air martial quatre sapeurs-pompiers de la localité. Notre héroïne chantait, en s'accompagnant d'un roulement sonore :

Vive le vin, l'amour et le tabac !
Voilà, voilà, voilà le refrain du bivouac !

Elle remplaçait ainsi le chœur et donnait la réplique à son père, jusqu'au moment où Victor arrivait lui-même entonner la fameuse annonce :

Le dîner vous attend !

Comme la taille du petit artiste dramatique ne permettait pas de l'habiller en tambour, on l'affublait d'un costume de marmiton. Dès l'âge de six ans, il débuta dans ce magnifique rôle. Il était à peu près aussi haut que la botte de son père, et ce gâte-sauce, bien débarbouillé, n'obtenait pas un médiocre succès.

Tout en admettant le principe qu'il est avec la mise en scène des accommodements, la troupe des Cizos ne tombait jamais dans le grotesque des représentations foraines.

Elle restait fidèle aux doctrines de l'art et observait autant que possible les convenances théâtrales, en tournant les obstacles, en utilisant tout.

Chacun sentait la nécessité de bien faire.

Rose, premier sujet de la troupe, devait déployer surtout les talents les plus variés. Il fallait qu'elle pût à la fois jouer une scène de comédie, de drame ou de vaudeville, exécuter une sonate de piano ou un rafla de tambour, tirer l'épée dans *l'Élève de Saumur* ou danser le boléro dans le premier acte de *la Muette*. Elle remplissait à elle seule, dans cet opéra, une besogne qui ne s'accomplit pas à Paris à moins de six premiers danseurs et danseuses et tout un corps de ballet.

Du reste, le public y mettait la plus affectueuse indulgence.

Il était, en quelque sorte, de la famille.

Parfois, le dimanche, au moment où l'affiche venait d'être collée aux murs, le ciel prenait tout à coup une sérénité fort inquiétante pour la recette du soir, et la ville tout entière émigrait aux champs.

Les habitués passaient devant le théâtre et voyaient le directeur préparer tout pour le service, en regardant le soleil d'un air médiocrement satisfait.

— Quoi! monsieur Cizos, disaient-ils, est-ce que vous allez donner une représentation aujourd'hui?

— Parbleu! répondait le père de Rose, il le faut; c'est affiché..

— Mais vous n'aurez pas une âme.

— Je le vois bien, soupirait le directeur, puisque vous partez tous.

— Nous avons fermé boutique. Bah! faites de même.

— Et l'affiche?

— On la déchire. Venez dîner avec nous à la campagne.

— Mais...

— Voyons, point de cérémonies. Amenez tout le monde, et n'oubliez pas Rose et Anna. Si vous nous suivez ce soir, demain nous viendrons chez vous.

L'affaire s'arrangeait sans plus de difficultés, et, le lendemain, la salle était pleine.

Cette affection du public pour la troupe ne se démentait en aucune circonstance. Un jour, dans nous ne savons plus quelle pièce où elle jouait avec sa mère, Anna s'aperçut tardivement qu'elle avait oublié un accessoire [1].

Impossible de retourner sur ses pas ; elle était en scène.

— Qu'as-tu donc? lui dit, à voix basse, madame Cizos.

— Mon Dieu! je n'ai pas songé à

---

[1] On nomme ainsi certains objets indispensables à la représentation, tels que bourse, cassette, encrier, lettre, etc. Un de ces objets oubliés peut rendre ridicule la scène la plus pathétique, et soulever des orages dans la salle la mieux disposée.

prendre la lettre, murmure sur le même ton la jeune fille tremblante.

Son rôle exigeait qu'elle donnât, une minute plus tard, un message écrit.

— Ah! malheureuse! dit Sophie-Juliette, qui tressaille et se trouble visiblement; nous sommes perdues!

La jeune actrice devient pâle; son cœur se gonfle. Dans l'intervalle, Rose arrive. Elle demeure interdite en voyant l'embarras de sa mère et de sa sœur.

— Anna qui a oublié sa lettre! lui dit madame Cizos à l'oreille, entre deux répliques, et sur le ton du désespoir.

Rose tressaille à son tour.

Elle hésite, balbutie, tronque le dialogue. Sa voix, dans un rôle joyeux, est pleine de larmes; ce qui semble assez bizarre aux spectateurs. Ils cherchent à deviner le motif de cette émotion singulière.

Tout à coup le moment vient de donner la lettre, et chacun reste coi.

Anna fond en larmes.

De son pupitre, au-dessous de la rampe, le père Garcin demande, le moins haut qu'il peut :

— Mais qu'as-tu donc, ma fille ?

Rose s'approche toute frémissante, et dit :

— Elle a oublié sa lettre.

— Ah ! miséricorde ! s'écrie le chef d'orchestre, laissant tomber son archet.

— Voyons, voyons, que leur arrive-t-il à ces pauvres petites ? Cela n'est pas naturel, disent les bons spectateurs.

Ils reprennent, en s'adressant au grand-père :

— Qu'y a-t-il, monsieur Garcin ? est-ce que les enfants sont malades ?

— Anna pleure, dit un autre, pourquoi donc ?

— Si elle souffre, il faut arrêter, observe un troisième. Qu'elle se repose.

— Certainement ! certainement ! crie toute la salle, qu'elle se repose.

— Non, messieurs, elle n'est pas malade, dit le père Garcin suffoqué. Puis, il ajoute avec accablement :

— Elle a oublié sa lettre !

— Bon ! ce n'est que cela ? Mon Dieu, qu'elle aille la chercher, rien n'est plus simple. Nous recommencerons.

Anna courut prendre l'accessoire dans les coulisses, et l'on recommença.

Cette anecdote est d'une authenticité parfaite. Quand le *Figaro* voudra, nous lui indiquerons la manière de s'en procurer d'aussi curieuses. Les habitants de Chartres, d'Étampes, d'Issoudun, d'Aubusson, de Guéret, d'Issoire et de beaucoup d'autres villes, où les Cizos ont donné des représentations, peuvent lui en fournir une quantité du même genre.

On aimait cette famille d'artistes consciencieux ; on recevait, dans les cercles les plus réservés, ces comédiens honnêtes, et l'on ne trouvait pas que le talent, chez eux, souffrit en aucune sorte des mœurs pures et de la vie décente.

Gardien vigilant de l'honneur de ses

filles, M. Cizos n'accorda jamais à un étranger l'abord des coulisses de son théâtre.

Non-seulement Rose et Anna se trouvèrent garanties de toute atteinte fâcheuse dans leur innocence ; mais, — bonheur plus rare pour des femmes jetées sur la scène, — on ne les a soupçonnées en aucun temps d'une faiblesse.

A l'époque de ses débuts au Gymnase, Rose fut en butte aux poursuites d'un jeune homme de haute naissance, maître de sa fortune, et dont la passion chercha, deux mois durant, à vaincre les obstacles que lui opposait une vertu inflexible.

Tous les soirs, il était dans une avant-scène, à couver la jeune actrice de ses regards brûlants. Il lui jetait des fleurs et des lettres.

Rose donnait tout à sa mère, et ne lisait rien.

Dans une de ces missives, madame Cizos trouva un coupon de rente sur l'État, dernier et puissant moyen que ces messieurs emploient pour vaincre les scrupules trop obstinés.

Sophie-Juliette et son mari coururent chez le père du jeune homme, auquel ils restituèrent le pli séducteur, tout en le conjurant avec larmes de faire cesser des manœuvres qui, pour être sans péril, n'en étaient pas moins outrageantes.

Le duc (c'était un duc) sonna ses gens et leur ordonna d'appeler son fils.

Celui-ci ne tarda pas à paraître.

— Voyez, monsieur, voyez quelle honnête famille vous avez offensée ! dit le vieillard, lui rendant le coupon de rente, et lui faisant voir le père et la mère de Rose qui pleuraient encore.

On feuillettera longtemps les annales des coulisses, avant d'y trouver un fait semblable.

Mais revenons à la troupe nomade, avec laquelle nous sommes obligé quelque temps encore de rester en province.

Les Cizos et les Garcin, grâce à leur vie exemplaire, étaient reçus, nous l'avons dit, dans les maisons les plus distinguées. On les fêtait comme de vieux amis toutes les fois qu'ils reparaissaient dans une ville.

Ainsi, à Chartres, où ils avaient séjourné longtemps, et où chacun avait pu voir grandir la petite famille, on apprend, un jour, leur passage.

La ville tout entière s'émeut; on se précipite à leur rencontre.

Malgré les protestations de nos voyageurs, attendus à Dreux, les chevaux détélés prennent le chemin de l'écurie, et les voitures entrent de force sous la remise. Puis on entoure les comédiens, on les caresse, on se félicite de les retrouver en joie et santé. Vingt maisons bourgeoises se disputent l'honneur de les avoir pour hôtes.

Ils furent obligés de céder aux sympathies chartraines, et de donner une représentation, où jouèrent les seuls membres de la famille.

Jamais on ne vit pareille affluence de spectateurs. L'enthousiasme était au comble, et les bravos allèrent jusqu'au délire.

Partout l'honnête troupe jouissait de la même estime et recevait le même accueil.

Économe de l'association, madame Cizos administrait les finances avec une sagesse merveilleuse, et la société, chaque jour, devenait plus prospère.

Rose, à quatorze ans, était une actrice fort distinguée, jouant déjà les rôles de la plus haute importance.

Toutes les créations de mademoiselle Plessy, cette charmante actrice, qui n'avait pas encore été désapprendre chez les Cosaques sa gentillesse et ses grâces naïves, étaient reproduites ou, pour mieux dire, devinées par la jeune Cizos avec un instinct merveilleux et un incontestable talent.

Les triomphes à la rampe n'avaient point suspendu ses études musicales.

Elle se montrait sur le piano d'une très-jolie force, et Zimmermann, dont elle a voulu, depuis, prendre les leçons, l'a citée plus d'une fois comme sa meilleure élève.

Aussi Rose affectionne-t-elle beaucoup les pièces où elle peut donner un échantillon de son talent de musicienne. Ses doigts agiles courent sur le clavier et en tirent de savants accords.

Elle était adorée du public de province.

Outre les villes que nous avons nommées, et où elle reçut de flatteuses ovations, elle en visita beaucoup d'autres, et conquit des applaudissements à Moulins, à Bourges, à Nevers, à Clermont-Ferrand, à Poitiers, au Puy, à Limoges, à Lorient et à Bayonne.

La troupe, en quittant cette dernière ville, se rendit à Périgueux.

Il y avait là, comme chef de l'administration départementale, un illustre viveur, qui passera nécessairement un jour à la postérité sous le titre de l'*Homme au lampion*.

M. Romieu, devenu grave magistrat, renonçait au culte de Bacchus et aux doux exercices d'Amathonte. Néanmoins il était rare que la vue d'un gentil minois ne fit pas tressaillir les fibres de ce vieux pécheur.

Assis dans sa loge, au théâtre, avec trois ou quatre conseillers de préfecture et son secrétaire, il admira les grâces naïves de Rose, l'aimable pétulance de sa sœur ; puis réunissant nos jeunes actrices dans une même admiration et dans un même calembour, il s'écria :

— Quelle jolie paire de Cizos!

Le mot courut à Périgueux. On félicita le préfet de la Dordogne de sa finesse d'esprit.

Mais, dans les coulisses, le directeur et sa femme ne furent que très-médiocrement flattés de voir leur nom de famille prêter ainsi au coq-à-l'âne. On décida que le nom de *Cizos* disparaîtrait de l'affiche et serait remplacé par celui de *Chéri*, que Juliette et ses filles donnaient dans l'intimité, à leur mari et à leur père.

Il était écrit que Périgueux serait la dernière ville de province où Rose ferait admirer son mérite de comédienne.

Un soir, entre deux actes de la *Grâce de Dieu*[1], notre héroïne voit entrer dans sa loge une inconnue, qui lui saisit les mains et lui adresse toutes sortes de félicitations.

— A qui ai-je l'honneur de parler, madame? demande Rose surprise.

[1] Elle jouait le rôle de Marie avec un grand succès de larmes.

— Je me nomme Loïsa Pujet, répond la visiteuse, en souriant.

— Oh! que je vous embrasse! dit la jeune actrice avec effusion. C'est une de vos mélodies qui a inspiré les auteurs de la pièce, et je vous dois un de mes plus beaux succès. Je chante l'*Ave Maria*, madame : je sais par cœur toutes vos romances!

Elles échangèrent les plus affectueuses caresses et devinrent amies intimes, à dater de ce jour.

Loïsa Pujet faisait alors applaudir en province ce génie musical d'une si incomparable souplesse, dont Paris avait eu la primeur, et qui, si nous pouvons nous exprimer de la sorte, touche le sentiment, comme un clavier, pour en tirer les notes les plus attendrissantes.

Rose fut au comble de la joie de pouvoir exécuter un morceau de piano, dans un concert donné à Périgueux par sa nouvelle amie.

— Vous avez beaucoup de talent, ma chère, lui dit Loïsa. C'est vraiment un meurtre de vous laisser en province.

— Hélas! dit Jean-Baptiste, notre plus grand désir est d'aller à Paris. Anna devient grande elle-même, et Victor est déjà bon musicien. Mais nous n'avons point de protections.

— Je vous en trouverai, dit Loïsa.

Dès le soir même, notre directeur reçut une lettre, portant le timbre de la préfecture et signée Romieu.

Jean-Baptiste Cizos sentit un frisson lui courir dans les veines, car, la veille, apprenant que le préfet au calembour possédait une clé de communication, pour ouvrir le passage privilégié, menant de l'intérieur du théâtre aux coulisses, il avait eu hâte de changer la serrure, afin de préserver ses filles des agaceries administratives.

Ce fut donc en tremblant qu'il se rendit chez le préfet.

— Monsieur Cizos, lui dit Romieu, vous êtes un honnête homme et un bon père. Vous m'avez dépossédé d'un droit que je pourrais facilement reconquérir; mais j'y renonce tant que vous serez à Périgueux. Est-il vrai que vous ayez l'intention de solliciter à Paris un engagement pour vos filles?

— Oui, monsieur le préfet, répondit Jean-Baptiste, encore ému, et saluant jusqu'à terre.

— Eh bien, voici une lettre pour Bayard. Je le connais beaucoup, c'est mon ancien collaborateur... Oui, monsieur Cizos, j'ai fait des vaudevilles! Bayard protégera vos enfants, et tout ira bien.

— Ah! monsieur, dit l'heureux père, que de reconnaissance je vous dois!

— N'en parlons pas. Gardez vos remercîments pour mademoiselle Loïsa Puget, qui m'a recommandé, ce matin, votre famille avec beaucoup de chaleur.

Bonsoir… et tranquillisez-vous sur l'entrée des coulisses.

Après cet acte de vertu, que n'eût pas désavoué Scipion l'Africain, Romieu congédia Cizos père.

Il faut convenir que les viveurs ont parfois du bon.

Loïsa Puget quitta Périgueux pour achever sa tournée dans le midi de la France. Rose et la jeune musicienne s'embrassèrent avec tendresse, jurant de se revoir à Paris et de continuer leurs relations amicales. Elles ne savaient pas que la parenté devait, un jour, serrer davantage encore les nœuds de leur attachement, et que l'avenir les rendrait belles-sœurs [1].

[1] Mlle Loïsa Puget devint la femme de M. Gustave Lemoine, frère de M. Lemoine-Montigny.

Munie de la recommandation du préfet de la Dordogne, la troupe nomade brûle ses vaisseaux, dit adieu à la province, et se transporte à Paris sur les ailes de l'espérance et des Messageries royales.

Bayard accueille les nouveaux débarqués.

Il écoute avec une grande bienveillance notre ex-directeur, qui lui parle des succès énormes de Rose dans les départements. Jean-Baptiste lui fait voir tout un coffre rempli d'articles élogieux, dus à l'admiration des feuilles provinciales. Cela n'éblouit pas extraordinairement le vaudevilliste, et la lettre du préfet de Périgueux lui semble de nature à opérer sur l'administration des théâtres de Paris un effet plus certain que les articles du coffre.

Cette lettre, il l'expédie, sans plus de retard, à M. Poirson, directeur du Gymnase.

Moins de quinze jours après, le 30 mai 1842, Rose est admise à débuter dans *Estelle, ou le Père et la Fille*[1], de M. Scribe.

La recommandation avait été, comme on le voit, toute-puissante.

Mais il est rare que la fortune se laisse enlever du premier coup ses faveurs.

Timide, modeste, assez pauvrement

---

[1] Le rôle qu'on lui donna avait été créé par madame Volnys.

vêtue, Rose ne produisit aucun enthousiasme sur le parterre. Deux artistes en vogue, mademoiselle Nathalie et madame Volnys, aimées des spectateurs du Gymnase, leur imposaient alors un goût exceptionnel. Au théâtre, on ne l'ignore pas, le succès ne relève jamais de lois fixes. L'engouement et la mode y établissent presque toujours leur empire. Bien que douée d'une intelligence véritable et d'une grande pureté de diction, Rose ne fut pas appréciée à sa valeur. On eût voulu sans doute plus de brillant et moins de solide.

Le nom de la débutante disparut de l'affiche, après y avoir seulement figuré deux fois.

Elle était remerciée.

Bizarre caprice du destin ! Celle qui devait être, un jour, l'étoile du Gymnase, l'artiste délicieuse qui devait y moissonner tant de gloire, y entendre tant de bravos, ne fut pas même jugée digne d'y tenir le dernier emploi ¹.

Ce coup fut terrible pour l'honnête famille.

Tant d'espérances avaient été conçues depuis deux jours, tant de projets avaient été formés ! Cependant on ne se rebuta point. M. Bayard, témoin des débuts de Rose, lui reconnut beaucoup de mérite. Il croyait sérieusement à son

---

¹ Nos lecteurs se souviennent que Rachel eut le même sort dans ses débuts au Gymnase, — et cela sous la même administration.

avenir, et il s'occupa de la faire entrer à la Comédie-Française.

Rose fut entendue par Samson.

L'expérience du doyen des sociétaires et sa finesse de jugement ne lui permirent pas de méconnaître les qualités de la jeune fille; mais il déclara qu'un an ou dix-huit mois d'études lui étaient encore indispensables pour aborder la scène de Molière.

Ce long noviciat devenait impossible. Les dernières ressources de la famille se trouvaient épuisées.

D'ailleurs l'arrêt semblait dur à notre jeune actrice.

La province, aussi bon juge parfois que la capitale, avait applaudi Rose dans *Une Chaîne,* dans *la Grâce de Dieu,* dans *la Grand'Mère,* et dans les principaux rôles de la comédie et du vaudeville. Ce n'était vraiment pas la peine d'avoir obtenu tant de succès pour être envoyée, comme la première venue, sur les bancs du Conservatoire.

M. Altaroche, un des trois hommes d'État du *Charivari,* garçon très-serviable et plein de cœur, avait connu la famille Cizos en Auvergne.

Il offrit au père de Rose sa recommandation pour le Vaudeville, que M. Trubert, un marchand de rubans, administrait alors.

Celui-ci mesurait tout à son aune, apportant au théâtre une intelligence raccornie par l'étroit horizon d'une arrière-boutique. Il n'accorda pas même une audition, et se boucha les oreilles pour ne plus entendre les instances d'Altaroche.

Nos pauvres artistes jouaient de malheur.

M. Roqueplan, pacha des Variétés, n'eut pas plus de finesse dans le flair, et laissa l'actrice de talent frapper en vain aux portes de son théâtre.

Il est évident pour nous que l'honnêteté persistante des Cizos était la raison péremptoire de tous ces refus.

Que devenir? On n'avait plus de ressource que dans l'administration dramatique de la banlieue, alors confiée aux frères Séveste. Tout avait été sacrifié au voyage de Paris. C'était donc à Paris qu'il fallait trouver le pain quotidien. Les finances à sec ne permettaient plus de regagner la province. On essaya d'obtenir pour Rose et pour sa sœur la permission de jouer sur les théâtres de Montmartre, de Batignolles, de Belleville ou de Mont-Parnasse; mais une chance funeste déjouait les combinaisons et réduisait à néant chaque tentative.

Victor, qui avait tous les droits possibles pour entrer au Conservatoire, ne trouva pas même une place dans le dernier des orchestres.

A cette époque, la triste Rose allait quelquefois confier ses chagrins à Jenny

Vertpré, devenue madame Carmouche.

— Ma chère, lui disait celle-ci, vous luttez contre un mur d'airain. Les sultanes favorites vous repousseront toujours.

Et comme Rose ne comprenait pas, elle ajoutait :

— Si vous entriez au Gymnase, croyez-vous que cela ferait l'affaire de mademoiselle Vallée ?

Rose comprenait bien moins encore.

— Au moins, disait-elle, on pourrait me permettre de lui servir de doublure.

— Pauvre enfant! s'écriait madame Carmouche, est-elle candide !

Le Gymnase avait été constamment le rêve de la jeune fille. Elle en connaissait tout le répertoire et ne pouvait se consoler d'en être exclue. Toutes les fois qu'il lui arrivait de passer devant ce théâtre, elle fondait en larmes, au milieu du boulevart, et en plein jour.

Ainsi qu'elle, son pauvre père avait le cœur dans la désolation.

Convaincu du talent de Rose et de l'injustice des directeurs, il fit un jour appel à tout son courage, et résolut de tenter un suprême effort, avant de jeter sa fille sur quelque misérable scène, indigne de ses études.

Il courut au Gymnase, et là, bravant toute répugnance, humiliant son orgueil, obéissant à l'amour paternel beaucoup plus qu'à la crainte de la misère, il tomba suppliant aux pieds de Monval, l'excellent régisseur, que l'autocrate Poirson commettait parfois à sa place pour donner audience.

Entraînée de force au théâtre qui la repoussait, Rose était là, pâle, émue, presque certaine d'une réponse qui allait être la condamnation de son avenir.

Mais Jean-Baptiste trouva dans le désespoir une force d'éloquence si persuasive, une énergie de supplication si touchante, que le bon régisseur, attendri, ne tint pas compte des ordres inflexibles qu'il avait reçus.

Il quitta le père et la fille un instant, rentra dans le cabinet de l'autocrate, devint lui-même l'avocat de notre héroïne, et reparut bientôt, en s'écriant :

— Votre cause est gagnée !

La victoire, hélas ! était bien médiocre.

Engagée pour un an, aux honoraires de soixante-quinze francs par mois, Rose devait jouer ce qu'on nomme en argot de coulisses les *en cas*.

N'importe, elle a le pied sur ces planches où elle désire tant se voir, et commence à étudier en double les rôles des pièces nouvelles. Sûre d'elle-même, sans être présomptueuse, elle se prépare à rendre à l'administration tous les services possibles, en attendant qu'une circonstance favorable vienne la mettre en relief.

Six semaines après, cette circonstance se présenta.

Le Gymnase jouait alors *Une Jeunesse orageuse*, de MM. Charles Desnoyer et Emile Pagès.

Chargée du rôle principal, mademoiselle Nathalie ne le trouvait point à son goût. Par ces mille et un moyens qu'une actrice capricieuse a toujours à sa disposition, elle cherchait à faire disparaître de l'affiche la pièce qui avait le malheur de lui déplaire.

Un soir, elle se trouve subitement indisposée, et n'en informe le théâtre qu'au moment de l'ouverture des bureaux.

Il n'est plus temps de changer le spectacle. Monval se trouve dans un embarras extrême. On va chercher Rose en toute hâte, et le régisseur lui demande :

— Savez-vous le rôle d'*Henriette ?*

— Oui, je le sais, répond la jeune fille.

— Habillez-vous alors, et dépêchez-vous de descendre en scène. Vous nous sauverez d'un grand embarras, mon enfant.

Rose n'hésite pas une minute et court passer le costume du rôle.

Cependant la salle trépignait d'impatience. L'heure où devait commencer le spectacle était sonnée depuis longtemps, et l'on n'ignore pas que, dans ce cas, les moins curieux d'entendre la pièce deviennent les plus ardents au tapage.

— La toile! la toile! criait le public.

De tous les régisseurs parisiens, Monval est celui qui pratique le mieux l'annonce aux spectateurs, et qui arrive à désarmer les plus grandes colères. Nul ne possède un sang-froid aussi admirable, un tact aussi exercé, une promptitude de réplique aussi vive.

Ce jour-là, toutefois, il n'était pas très-sûr d'apaiser l'orage et de faire accepter la substitution.

— La toile! la toile! continuait de crier le parterre avec des trépignements furieux.

Sur un signe de Monval, les machinistes lèvent le rideau; puis notre régisseur, en habit noir, s'avance gravement au bord de la rampe et salue trois fois le public, comme c'est l'usage.

— L'administration, messieurs, dit-il, a le regret de vous apprendre que mademoiselle Nathalie se trouve gravement indisposée.

— Bah !

— Quelle plaisanterie !

— On connaît ce genre d'indispositions !

— Tout à l'heure je l'ai rencontrée n calèche découverte! s'exclame un gros homme, debout au milieu du parterre.

A ces mots la tempête redouble.

— J'ai l'honneur de vous affirmer, dit Monval, s'adressant à celui qui jetait en avant cette assertion, que vous avez été le jouet d'une ressemblance trompeuse.

— Nathalie !... qu'elle vienne !... nous voulons Nathalie !

— Il me semble, reprend le régisseur,

qu'on peut croire l'administration, lorsqu'elle assure par ma bouche que mademoiselle Nathalie est malade.

— Allons donc! elle se porte mieux que vous!

— Et mieux que nous!

— Du reste, la pièce se jouera, messieurs. Une jeune débutante sait le rôle.

— Nous la sifflerons votre débutante, s'écrient plusieurs énergumènes.

— Si elle le mérite, dit Monval, rien de plus juste; mais si elle remplit dignement sa tâche, comme je l'espère, vous êtes trop galants, messieurs, pour lui refuser vos bravos.

Cette adroite repartie calme tout à coup le public. De nombreux battements de mains accompagnent le régisseur, qui se retire.

Mais Rose vient d'entendre tous les cris du parterre.

La malheureuse enfant est glacée de crainte, et, lorsqu'elle paraît en scène, elle n'ose pas lever les yeux.

Assise au fond du théâtre, elle semble clouée à son siége ; l'émotion fait trembler sa voix ; des larmes roulent sous sa paupière.

Ce trouble même et cette épouvante sont un coup de fortune.

Au début de son rôle, Henriette doit être émue. Les spectateurs trouvent tout d'abord que le jeu de l'actrice offre un grand cachet de naturel, et les derniers symptômes de mécontentement disparaissent.

On écoute Rose; on remarque sa douce voix, son maintien sage, la distinction de sa personne. Quelques vieux habitués de l'orchestre font observer qu'elle possède une main très-fine, un bras charmant, et de fort beaux yeux, qui commencent à se lever sur ce public terrible, en ayant l'air de lui demander grâce.

Bref un murmure d'approbation court dans la salle, et bientôt des applaudissements se font entendre.

Excitée par ce bon accueil, Rose s'anime et déploie ses moyens. On admire sa voix fraîche et sonore, sa diction pure, la grâce exquise de ses manières. Tout à fait rendue à elle-même par la bienveillance de la salle, elle tire de certains mots et de certaines situations des effets complétement inattendus. L'actrice de talent se révèle. Un enthousiasme unanime éclate, et, quand le rideau tombe sur la dernière scène, les spectateurs se livrent à un tapage aussi complet que celui qui a précédé l'annonce de Monval.

Mais ce n'est plus, cette fois, Nathalie qu'on réclame.

— Henriette! Henriette!

— La débutante!

— Son nom! dites-nous son nom!

— Vite, chère enfant, dit le régisseur derrière la toile : comment vous appelez-vous?

— Rose Cizos.

— Cizos! ce n'est pas un nom. Je n'annoncerai jamais Cizos. Trouvons autre chose, et dépêchons-nous ! On casse les banquettes.

— Mon père, en province, se faisait appeler Chéri.

— A la bonne heure !... j'aime mieux cela... superbe! superbe!

Et Monval court jeter au public ce nom gracieux de Rose Chéri, que tant de succès ont rendu célèbre, et que, depuis lors, nous entendons proclamer chaque soir au milieu des bravos [1].

[1] On a dit (nous ne le croyons pas) que M. Laya, malgré le succès éclatant obtenu par la jeune actrice, lui avait fait, à quelque temps de là, l'injure de vouloir lui retirer un rôle. Ceci aurait eu lieu pour la pièce intitulée *le Premier Chapitre*. Quoi qu'il en soit

Comme si le destin eût regretté d'avoir aplani la route à notre héroïne, un incident imprévu menaça d'interrompre le cours de ses triomphes.

Juste au moment où elle devenait l'actrice aimée du Gymnase, et où les auteurs, émerveillés de la souplesse de son talent, se hâtaient de lui composer des rôles, Poirson l'autocrate, fatiguant tout à coup les sociétés dramatiques par ses abus de pouvoir, arrive bel et bien à faire mettre son théâtre en interdit et à priver

---

de la vérité de ce fait ou de son inexactitude, M. Laya, dans cette comédie-vaudeville, obtint, grâce au jeu de Rose, un succès brillant. Ses préventions injustes, si elles ont existé, ne tardèrent pas à disparaître, et plus tard, après la levée de l'interdit qui pesait sur le Gymnase, il composa, tout exprès pour Rose Chéri, les trois actes d'*Emma*.

le répertoire de ses ressources les plus précieuses.

Ceci devenait pour Rose une véritable catastrophe.

Victime des fautes de son directeur, elle vit sa renommée, sinon décroître, du moins rester stationnaire, pendant dix-huit mois[1]. Une main stupide lui nouait les ailes et retenait son essor.

Un tel état de choses ne pouvait durer.

[1] Deux auteurs, l'un découvert par M. Poirson, l'autre qui continua de travailler pour le théâtre en dépit de l'interdit, MM. Jules de Prémaray et Fournier, furent les seuls qui apportèrent à l'actrice quelques rôles passables. Elle joua *Céline,* — *le Prix de vertu,* — *le Mariage de Scarron,* — *la Marquise de Rantzau,* — et *Georges et Thérèse.* Dans cette dernière pièce, Anna, engagée au Gymnase après le succès de son aînée, jouait avec elle, en travesti, le rôle de Georges.

Poirson disparut sous les ruines de son aveugle despotisme, et M. Montigny, vers le milieu du mois de juin 1844, prit les rênes de la direction, qu'il tient encore à l'heure où nous écrivons ce petit livre.

Sans contredit, en fait d'administration théâtrale, c'est l'homme le plus intelligent de Paris et le plus honorable.

Activement secondé par Édouard Lemoine, son frère[1], dont le tact et la sûreté de jugement sont connus, il a traversé la période révolutionnaire, si fatale aux théâtres, sans voir sombrer sa barque.

Grâce à d'incroyables efforts de per-

---

[1] Ancien rédacteur en chef de la *Patrie*.

sévérance et de courage, M. Montigny recueille aujourd'hui pleine moisson.

Sa troupe, composée d'acteurs qu'il a formés lui-même, nous donne, depuis quelque temps, un fort grand nombre de jolies pièces, et joue avec le plus magnifique ensemble.

La chute de M. Poirson fut le signal de la levée de l'interdit.

Nous voyons, dès cette époque, Scribe, Bayard, Mélesville, tous les auteurs favoris du boulevard Bonne-Nouvelle, amener avec eux l'ancien répertoire, et la foule peut applaudir enfin Rose Chéri dans des créations dignes de son talent: *Emma,* — *Rébecca,* — *Madame de Cérigny,* — *la Belle et la Bête,* — *un Changement de main,* — *Geneviève* — et *Cla-*

risse Harlowe rappellent les plus beaux jours du Gymnase.

Voyant la jeune actrice grandir en renommée, les autres théâtres veulent en faire la conquête.

On lui propose dix mille francs à l'Odéon pour jouer le rôle d'*Agnès de Méranie;* mais elle refuse de rompre son engagement, et sacrifie, pour en observer les clauses, tous les avantages pécuniaires qu'on lui offre.

Bientôt la Comédie-Française, pensant être plus heureuse que l'Odéon, lui expédie son commissaire royal.

Notre héroïne voit entrer chez elle ce haut messager, qui a vaillamment gravi cinq étages pour venir frapper à la porte du logement modeste qu'elle occupe avec sa famille.

Comme jadis le diable sur la montagne, Buloz remplit avec beaucoup d'habileté le rôle de tentateur; il déroule aux yeux de la jeune comédienne une perspective éblouissante, construit sous ses pieds un pont d'or, et termine sa harangue par cette phrase significative :

— Faites vos conditions, mademoiselle ; je les accepte d'avance.

Mais Rose n'a pas deux réponses.

— Je suis engagée au Gymnase, dit-elle au commissaire royal, et j'y reste.

Celui-ci, néanmoins, ne se tient pas pour battu. La famille, quelques jours plus tard, l'entend de nouveau frapper à sa porte. Buloz entre d'un air conquérant. Il a le triomphe dans l'œil et un argument infaillible en tête.

— Cette fois, dit-il à Rose, nous allons nous entendre. Demain je paye votre dédit, et vous quittez le Gymnase. Est-ce marché conclu?

— Payer le dédit ne m'empêcherait pas de manquer à ma parole, répond la jeune fille, et je veux rester fidèle au théâtre auquel je dois mes succès.

— Fort bien, je comprends votre délicatesse. Mais on arrange tout, en ce monde. Un arrêté du ministère rompra votre engagement; vous entrerez par ordre à la Comédie. J'ai la promesse de M. Duchâtel. A l'instant même, si bon vous semble, nous pouvons aller chez lui.

— Non, dit Rose. Je ne reconnais point au ministre un droit que je n'ai pas moi-même.

Et le commissaire royal fut congédié définitivement, après avoir perdu son dernier espoir.

On conviendra que ceci est de l'honnêteté au premier chef.

Après avoir renoncé à Buloz, à ses pompes et à ses œuvres, la jeune actrice continua de triompher au Gymnase. *La Protégée sans le savoir*, — *Irène*, — *la Niaise de Saint-Flour*, — *Brutus lâche César*, — *le Collier de perles*, — *Manon Lescaut*, — *le Mariage de Victorine*, —

le Piano de Berthe, — le Fils de famille, — Philiberte, — le Pour et le Contre, — Diane de Lys, — la Crise, — le Gendre de M. Poirier, — Flaminio, — Ceinture dorée, — et, tout récemment, le Demi-Monde[1], lui ont valu des palmes glorieuses, et la placent au premier rang.

[1] M. Alexandre Dumas fils, avec cette dernière pièce, a fait couler le Pactole dans la caisse du théâtre. Nous publierons incessamment la notice consacrée à ce jeune et vaillant littérateur, qui est la contre-partie vivante de son père, comme principes de conduite et comme moralité de plume. Appréciant le talent de Rose Chéri dans un feuilleton publié au mois de novembre, après la représentation de Flaminio, Alexandre Dumas fils dit que la comédienne, au milieu des élans les plus passionnés, a su conserver, dans ce rôle, une admirable pudeur et rester grande dame des pieds à la tête. Il ajoute avec raison que Rose Chéri est la seule actrice à laquelle les femmes du monde accordent le droit de les représenter.

parmi les plus célèbres actrices de la capitale.

Ne perdant jamais dans les folles dissipations une seule des minutes précieuses qu'elle consacre à son art, Rose accomplit parfois de véritables prodiges.

A l'époque où Bayard donna le *Changement de main*, madame Doche était encore au Gymnase. Le rôle d'Élisabeth lui avait été confié. Capricieuse comme Nathalie et douée d'un jugement aussi médiocre, elle trouva ce rôle détestable, et ne vit rien de mieux, pour s'en débarrasser, que de chercher à l'auteur de la pièce une querelle d'Allemande.

Abandonné par son actrice principale, six ou sept jours avant la représenta-

..tion, Bayard se trouve dans un grand embarras.

Mais Rose, constamment prête à l'obligeance, et ne connaissant pas le sot orgueil, accepte ce que madame Doche refuse. Elle sait le rôle en vingt-quatre heures, vient répéter le surlendemain, et joue la pièce au bout de la semaine avec un succès étourdissant[1].

Les critiques les plus exercés ne s'expliquèrent pas comment une étude aussi profonde de caractère avait pu être l'œuvre de quelques jours.

Rose sait joindre à la passion une sensibilité merveilleuse, une verve soute-

---

[1] Madame Doche, en voyant ce rôle interprété par Rose Chéri, comprit seulement ce qu'il valait, et se réserva le droit de le jouer.

nue. Son jeu a une finesse de détails exquise, un talent de volte-face et de métamorphose vraiment extraordinaire. Elle s'est révélée dans le *Demi-Monde* sous un jour nouveau ; les plus grandes comédiennes lui envieraient la création de la baronne d'Ange.

Parmi les actrices de l'époque, c'est évidemment Rose Chéri qui rappelle le plus mademoiselle Mars.

Elle n'a jamais vu Célimène; et pourtant elle hérite de ses qualités précieuses, de sa délicatesse et de sa science.

Dans *Quitte pour la peur*, cette petite merveille en un acte, tombée de la plume d'Alfred de Vigny, Rose a su atteindre au dernier degré de la grâce ingénue.

Mais le plus doux de ses triomphes, si l'on raisonne au point de vue des affections de famille, a été *Flaminio*; car elle entendit le parterre applaudir, presque autant qu'elle-même, sa bonne sœur, qui remplissait à ses côtés le rôle de miss Barbara [1].

L'Angleterre attendait depuis longtemps la visite de Rose.

Elle use enfin de son droit de congé, passe la Manche, en 1846, et recueille, en six semaines, dix-huit mille francs à Londres, avec des bravos à la rendre sourde. L'enthousiasme, comme les témoignages d'estime et de sympathie,

[1] Aussi décente que Rose et aussi recommandable dans sa vie, Anna se tire parfaitement à la scène des rôles gaillards, et joue les soubrettes avec beaucoup de vivacité et d'entrain.

s'adressaient tout à la fois à la charmante comédienne et à l'actrice honnête.

Il arriva, pendant ce séjour à Londres, une aventure assez curieuse au Gymnase.

M. Scribe, qui a parfois de la rancune comme une femme, ne pardonnait pas à Rose d'avoir pris un congé, quand plusieurs de ses rôles allaient rester en souffrance.

— Engagez quelqu'un parbleu! disait-il au directeur, et ne laissez pas dormir ainsi mes pièces.

— Très-volontiers, répondait Montigny; mais où trouver une actrice?

— Il n'en manque certes pas, d'actrices! A Rouen, vous en trouverez une délicieuse, au théâtre des Arts.

— Qui donc?

— Madame Baroca.

— Vous voulez dire Dalloca.

— Soit, le nom n'y fait rien. Dalloca, Baroca, peu m'importe..... Allez nous la chercher !

Montigny veut contenter M. Scribe.

Il prend le chemin de fer, et revient bientôt de la capitale normande avec une pensionnaire nouvelle.

Heureux de voir ses pièces reparaître sur l'affiche, et certain de ne plus subir aucune interruption dans le payement de ses droits d'auteur, M. Scribe se console du voyage de Londres.

Seulement, un soir, entrant au théâtre, et n'ayant plus le moindre souvenir de ce qui s'est passé, il dit au directeur, en lui montrant une des actrices en scène.

— Où diable avez-vous pris cette cuisinière-là ?

— Mais c'est vous qui m'avez conseillé de l'engager, répond Montigny.

— Ah ! c'est madame.....

— Baroca, fit le directeur.

— Très-bien, très-bien ! balbutia Scribe un peu confus. Cela vous apprendra, mon cher, à ne plus expédier vos premiers sujets à Londres.

Enfin Rose arrive, et les droits d'auteur de M. Scribe ne sont plus exposés au chômage.

Il oublie sa rancune, offre son concours pour la réalisation d'un projet d'hyménée dont s'entretient le monde artistique, et se présente, en grande et cérémonieuse toilette, dans le salon patriarcal, où toute la famille Cizos est rassemblée.

— Bonsoir, monsieur Scribe, dit Rose, courant à lui. M'apportez-vous un rôle?

— Oui, mademoiselle, répond l'illustre vaudevilliste, un rôle que vous devriez avoir depuis longtemps.

— Ah! dit-elle. Comment finit la pièce?

— Il faut que vous sachiez d'abord comment elle commence.

Et, s'installant dans un fauteuil, M. Scribe demande solennellement à Jean-Baptiste Cizos et à Sophie-Juliette la main de leur fille aînée pour M. Lemoine-Montigny, directeur du Gymnase.

La proposition est agréée par l'heureuse famille, et l'on fixe le jour du mariage.

Mais une difficulté se présente.

Jadis, en province, malgré leurs mœurs irréprochables, les Cizos n'ont pas réussi à fléchir les rigueurs ecclésiastiques.

Pour admettre les jeunes comédiennes au nombre des catéchumènes, lorsque le moment était venu de songer à leur première communion, les prêtres avaient exigé qu'elles abandonnassent, au moins pendant toute la durée de l'instruction religieuse, les exercices profanes du théâtre.

Malheureusement la troupe ne pouvait

déjà plus se passer de Rose ni d'Anna; leur absence eût été la ruine de l'association.

Il fallut retarder l'accomplissement des devoirs chrétiens, et, d'impossibilité en impossibilité, de remise en remise, les deux jeunes filles entrèrent dans leur cinquième lustre, sans avoir reçu d'autre sacrement que le baptême.

Rose ne pouvait donc se marier à l'église.

Elle ne supportait pas l'idée d'un hymen conclu simplement sous l'écharpe du maire, et privé de la consécration de l'autel.

L'idée lui vint de solliciter une audience de l'archevêque.

Monseigneur Affre accueillit les deux sœurs, et crut pouvoir user d'une sage tolérance envers ces jeunes artistes, restées pures au milieu de toutes les séductions du théâtre.

Rose et Anna continuèrent de jouer la comédie, tout en recevant les instructions d'un vicaire de Sainte-Élisabeth; puis on put les voir, un matin, communier l'une et l'autre, avec une piété d'ange, à l'une des chapelles de Saint-Roch.

Deux mois après, le 12 mai 1847, Rose épousa M. Montigny [1].

Un événement tragique avait retardé le mariage.

---

[1] Sa sœur Anna fut bientôt unie elle-même à M. Lesueur, l'un des principaux artistes du Gymnase.

L'avant-veille du jour fixé pour la célébration, Jean-Baptiste Cizos, présidant un dîner de famille, où chacun embrassait et félicitait Rose, et où lui-même prenait une part très-vive à la gaîté commune, changea tout à coup de manières et de langage, et parut en proie à une exaltation incompréhensible.

Sa figure s'empourpra ; l'incohérence de ses idées et de ses propos alarma les convives.

Un médecin, appelé sur l'heure, lui prodigua des soins, mais inutilement. Toute la nuit Jean-Baptiste eut le délire.

Dans la matinée du lendemain, voyant

une fenêtre ouverte, et saisi brusquement d'un accès de fièvre chaude, il s'élança sur le pavé de la rue, avant que sa femme et ses enfants eussent pu même pressentir cette funeste catastrophe.

On le releva mort.

La joie avait eu trop d'action sur sa nature impressionnable.

Vraiment le ciel devait à ce pauvre père une fin moins triste, après tant de persévérance et tant d'héroïques efforts consacrés à l'avenir des siens.

Rose le pleura de toutes ses larmes.

Les événements de 1848 plongèrent le directeur du Gymnase dans un embarras financier, dont beaucoup d'autres, à sa place, n'eussent jamais pu sortir.

Ne s'expliquant pas au moyen de quelles ressources Montigny parvenait alors à échapper au désastre universel des administrations dramatiques, le *Figaro*, qui a des procédés à lui pour arriver à la découverte d'un secret, nous assure que l'époux de Rose enfermait dans sa cave un capitaliste, dont il obtenait les écus par ce procédé peu délicat de séquestration.

Ceci est une fable assez amusante.

Mais, comme nous écrivons l'histoire, nous devons dire que Montigny n'eut pas d'autre capitaliste que Rose elle-même.

Elle déploya dans ces circonstances périlleuses pour la fortune du théâtre, un dévouement, un courage et une abnégation sans bornes. Elle ne toucha pas un centime à la caisse, vendit ses bijoux, alla donner des représentations en province, et envoya tous les mois à la direction douze ou quinze mille francs, qui servaient à payer les acteurs et à combler le gouffre des dettes.

Voilà comment le Gymnase fut sauvé.

De nouvelles ouvertures de la Comédie-Française, faites à Rose Chéri, en 1849, ne la décidèrent pas à quitter la scène qui a été le berceau de sa réputation.

Jamais actrice n'a joint à un talent supérieur plus de modestie véritable, plus de conscience et plus de désintéressement. C'est une comédienne comme on n'en a jamais vu, comme on n'en verra jamais peut-être. Sincèrement pieuse, elle assiste, le dimanche, aux offices de sa paroisse et remplit tous ses devoirs religieux sans respect humain, sans fausse honte.

Chez Rose Chéri se rencontrent, pour la première fois, les nobles inspirations de l'artiste, unies aux qualités les plus rares de la femme et à toutes les vertus de la chrétienne.

FIN.

Londres 27 Juin 1846

Monsieur et cher Directeur

Je vous remercie du petit supplément de congé que vous m'accordez. Ce n'est donc plus le 1ᵉʳ juillet mais seulement le 2 que je serai de retour à Paris. Veuillez, je vous prie, me faire savoir à quel rôle je dois me tenir prête, et comptez sur mon exactitude.

Recevez, Monsieur, les salutations empressées de votre toute dévouée pensionnaire

Rose Chéri

www.ingramcontent.com/pod-product-compliance
Lightning Source LLC
LaVergne TN
LVHW052103090426
835512LV00035B/961